SV

Sonderdruck
edition suhrkamp

Peter Sloterdijk
Tau von den Bermudas

Über einige Regime der Einbildungskraft

Suhrkamp

edition suhrkamp
Sonderdruck
Erste Auflage 2001

Erstausgabe

Druck: Nomos Verlagsgesellschaft, Baden-Baden
Umschlag gestaltet nach einem Konzept
von Willy Fleckhaus: Rolf Staudt
Printed in Germany

2 3 4 5 6 - 06 05 04 03 02 01

Inhalt

Meine Damen und Herren, unter all den Namen, die für das zurückliegende Jahrhundert erprobt worden sind, kommt der Formel vom Zeitalter der Neutralisierungen eine besondere Stellung zu. In vielen anderen Epochenbezeichnungen werden bloße Ereignisse, Erfindungen oder Trends begrifflich überhöht, in diesem aber scheint etwas auf, was die Grammatik des Wirklichen selbst berührt. Gleich, ob wir vom Atomzeitalter sprechen, vom Jahrhundert der Frau, vom Zeitalter des Argwohns, vom Jahrhundert der Röntgenstrahlen und Radiowellen, vom Computerzeitalter oder was auch immer –, jedesmal wird ein technisches oder soziales Objekt zum Profilgeber für die gesamte Epoche erhoben. Etwas völlig Verschiedenes hat vor Augen, wer vom Zeitalter der Neutralisierungen spricht. Diesen Ausdruck treibt eine Beunruhigung an, die aus der Zone aufsteigt, wo die Wirklichkeit des Wirklichen selbst verfaßt wird. Die Neutralisierung war für ihre ersten Beobachter und Diagnostiker dämonisches Gebiet, sie sahen aus den neutralistischen Nebeln, aus den grauen Rändern des Wirklichen das Böse selbst in die Welt vordringen, um uns Sand und Unentschiedenheit in die Augen zu streuen. Kein Wunder, daß die ersten Theoretiker des Neutralen auch seine schärfsten

Denunzianten waren, sie waren die Köpfe der katholischen Reaktion, für die das Ende der Welt nahte im Zeichen eines trügerischen Friedens zwischen Freund und Feind und Hier und Dort. Sie wissen es längst, meine Damen und Herren, ich spreche vor allem von Carl Schmitt, dem letzten Samurai der Entschiedenheit für das Eine von Zweien. Er kämpfte an gegen das, was er für das Verderben des alteuropäischen Sinn-Kosmos hielt, gegen die dialektischen und pazifistischen Sandmänner und ihre neuen, konfusen oder polyvalenten Wirklichkeitsbegriffe. Er war davon überzeugt, daß der Krieg weitergeht, auch wenn die Gegner von gestern heute miteinander schlafen. Und so witterte er überall die verborgene Front, hielt Ausschau nach den versteckten Zeichen, die den Partisanen verraten, die Legende erzählt, er habe vor dem Schlafen unters Bett geschaut, weil er dem Gegner alles zutraute.
Meine Damen und Herren, ich hätte auf diese makabren Überlieferungen nicht verwiesen, wenn ich nicht der Meinung wäre, daß man von Paranoikern oft mehr erfährt als bei den Historikern. Die Welt Carl Schmitts ist untergegangen und blinkt jetzt auf dem Grund des Meeres wie ein böses Atlantis, aber sein Wort vom Zeitalter der Neutralisierungen schwimmt weiter obenauf, es hat sich im Laufe der Jahrzehnte vollgesogen mit Bedeutungen, die über die Intentionen des Autors hinausweisen. Es ist ein Wort, das seinen Entstehungskontext überlebt und überboten hat

und das in Kraft blieb, weil es an die logische Fabrik des Wirklichen rührte. Tatsächlich kann sich heute jeder, der sich in der Kunst, ein Zeitgenosse zu sein, üben will, leicht davon überzeugen, daß man mit den gewohnten Antithesen im Logischen wie im Ontologischen nicht mehr weit kommt. Jeder Umblick in der Gegenwartskultur liefert für die Entwicklung zur mehrwertigen Logik reiche Evidenz. Für Liebhaber klarer Verhältnisse ist diese Welt längst unrettbar krank, wie von einem Pilz befallen, der Konturen tilgt. Selbst die erhabensten Begriffsgegensätze von früher sind amorph geworden, das Böse greift dem Guten unter dem Tisch ans Bein, und das Gute hält still, die Seele flirtet mit der Maschine, der Geist ist von der Materie zu bilateralen Gesprächen eingeladen, Natur und Geschichte einigten sich längst im Grundsätzlichen, die mächtigsten Dichotomien schwimmen verwässert dahin, überall weht ein Geist von großer Koalition, alles vibriert vom Schütteln der Hände, die abzuhacken sich als unmöglich erwies, alles und jedes absolviert ein Gastsemester beim Gegner; »alle Welt ist medial geworden« (Hugo Ball). Die Orientierung am Feind verfällt, wir bleiben mit der Mehrdeutigkeit allein zurück, ratlos.

Im Klima weitgehender Entpolarisierung haben auch klassische Antithesen, die älteren Intellektuellen als Orientierungsgrößen dienten, wie die Antithese von Macht und Geist, keine gute Prognose, sie wirken verbraucht und werden abgeschoben. Wir spüren, wie primitiv und präkomplex solche Figuren sind, auch wenn fürs erste kein Ersatz für sie zur Verfügung steht. Ja, auch wer Phantasie immer noch für den Gegenbegriff zu Wirklichkeit halten wollte, käme uns vor wie ein Fundamentalist. Wir ahnen längst übrigens, daß Fundamentalismus zuerst und zuletzt eine Sache der Logik ist und alles, was wir als Fundamentalismus begeifern, nur die gelebte Zweiwertigkeit bedeutet –, wir hassen im fundamentalistischen Phänomen unsere eigene Unfähigkeit, der binären Wut eine höhere Logik entgegenzusetzen, eine Logik, die wir nicht beherrschen, von der man nichtsdestoweniger annehmen muß, daß sie in den Hochburgen der aktuellen Technikphilosophie und Kulturtheorie entwickelt wird. Wir leben in einer logischen Dämmerung, irgendwo zwischen spätaristotelisch und frühkomplex, aber das neue Denken hat bislang weder Autorität noch Kontur, weswegen wir bei allen unseren theoretischen Unternehmungen zum Unbehagen verurteilt sind, weil offenliegt, wie sehr wir mit jedem Gedanken in antithetische Primitivismen verstrickt bleiben. Noch läßt eine Logik des Komplexen auf sich warten. Man darf sicher sein, daß eine künftige Ideengeschichte, die unsere Epoche eines Tages resümiert, uns ganz museumswissenschaftlich aufarbeiten wird. Geistreiche Kuratoren im späten 21. Jahrhundert werden eine Großausstellung unter dem Titel *Binär* konzipieren, die in Paris, Tokyo, Chicago, Bonn und Sydney gastiert; der größte Teil dessen, was bis eben unsere Köpfe füllt, wird dort als halbarchaische Konfliktfolklore präsentiert werden. An Schaubildern dessen, was wir heute denken, werden Schulklassen vorüberziehen und kichern, das waren die, die an den Gegensatz von Tatsachen und Möglichkeiten geglaubt haben und an die Kluft zwischen dem Positiven und dem Phantastischen. Die Mädchen werden aus dem Museum des zweiwertigen Denkens beschwingt herauskommen, leicht angeekelt, aber fasziniert, und sich in Tagträumen fragen, wie sie wohl war, die Liebe in der Antithesenzeit.

Meine Damen und Herren, aus alldem folgt, daß der Redner einen fairen Anteil an der Lächerlichkeit übernehmen muß, die den überlieferten Denkweisen anhaftet. Er ist wie alle Benutzer klassischer Grammatiken ein binärer Fundamentalist, er ist mit der Opposition von eingebildeten und wirklichen Dingen aufgewachsen, und man weiß, daß unser Gemüt über die ersten Prägungen nie ganz hinauskommt, die Zweiwertigkeit und die Heiligen Drei Könige an der Krippe bewohnen dieselben Areale der Großhirnrinde. Gleichwohl soll hier von der Konvergenz zwischen Phantasie und Wirklichkeit die Rede sein. *Verum et fictum convertuntur.*

I

Ich werde im folgenden fünf Stadien oder Äonen des Prinzips Phantasie präsentieren und an jedem von ihnen zu zeigen versuchen, wie sie jeweils mit besonderen Mitteln in die Ontogenese des Wirklichen verstrickt waren. Ich spreche zuerst über das Weltalter des Mythos und seine Zusammenfassung in der Poesie der Verwandlung; sodann über die Ära der christlichen Einbildungskraft, die im Zeichen von Versuchung und Verklärung stand; drittens spreche ich über den phantasmatischen Motor der Neuzeit, den ich das transatlantische Verlangen nennen werde – aus ihm entspringt fast alles, was wir heute meinen, wenn wir die Künste als Kinder der Einbildungskraft bezeichnen. Ich will versuchen zu erklären, warum diesem eigentlichen Kunstweltalter, diesen Goldenen Jahrhunderten des europäischen Traums von Werken und Tagen, eine Poesie der Ausfahrt und Bereicherung zugrunde liegt. In einem kurzen vierten Abschnitt deute ich eine komplementäre Poetik der Reduktion und Verarmung an. Zuletzt will ich mit einigen schnellen Umrissen zeigen, wie das kunstschaffende Phantasieren aus der neuzeitlichen Expansionskultur in die posthistorische Kombinationskultur übergeht.
Für den ersten Komplex zitiere ich den Dichter,

der am Ende der antiken Mythenzeit die poetische Summe aus den ältesten Transzendierungen des Wirklichen durch das Imaginäre zog – ich meine Ovid, den Autor jener *Metamorphosen*, die ihrem logischen Gewicht nach nicht weniger bedeuten als eine Phänomenologie des Geistes und der Natur unter dem Gesichtspunkt des Gestaltwandels. Ovid ist ein Mann auf der Schwelle zwischen Weltzuständen, der geometrische Ort seiner Sprachgewalt ist der Übergang vom magischen zum rationalen Weltbild, er bewohnt das Grenzland zwischen letzter Magie und erstem Realismus, das seither mit dem Begriff des Poetischen schlechthin assoziiert wird. Gleichwohl bietet Ovids Position das Umkehrbild unserer Romantiker, denn wo diese den Rückweg suchen aus der Prosastarre der Dinge zur flüssigen Seinsweise, wie die gewöhnliche Welt sie nur nach der Berührung mit dem Zauberstab der Analogie und der autonomen Metapher wieder erfahren kann, dort sammelt der Dichter Ovid an der Schwelle zu einem neuen Realitätszeitalter noch einmal alle Spuren einer älteren, verwandlungsmagischen Epoche ein. Er gewährt seinen Lesern und Hörern eine um Vollständigkeit bemühte Rückschau auf die Wandlungswelt, die jetzt verschwindet, weil inzwischen das Reich des Realen und die Realität des Reiches – samt ihrer herrschaftlich weltfeststellenden Gewalt und Geistesart – aufgegangen sind. Während Vergil, der berüchtigte »Vater des Abendlandes«, gleichsam als

Opportunist im Absoluten, die Poesie in den Dienst der neuen Imperialrealität stellt und schwere Machtmusik anstimmt, entzieht sich Ovid dem Diktat des reichsrealistischen Prinzips und taucht mit seinem beweglichen Vers noch einmal ein in ein Universum, in dem die Verwandlungen an der Macht waren. Seine *Metamorphosen* verdanken ihre weltliterarische Strahlung dieser janusköpfigen Position der Dichtung zwischen den Weltaltern, sie postulieren eine Reichsverdoppelung und ziehen Demarkationslinien um eine poetische Welt, die von da an mit der Narrenfreiheit des bloß Erfundenen neben der etablierten Reichsmacht stehen darf – das Reich der Phantasie als Verwandlungswelt.

Aber in Wahrheit gehört Ovid, auch wo er wie ein Phantasiereichsgründer wahrgenommen werden könnte, zu den Verlierern im geistesgeschichtlichen Prozeß; sein Schwarzmeerexil verrät, was die Mächtigen seiner Zeit von seiner Loyalität gegenüber den neuen Zuständen hielten, im elegischen Ton gibt er sein Bestes, er trauert um eine Seinsweise, die für ihn wie für die Dinge verloren ist, und besingt die Wandlungen mit der Gewalt des zum letzten Mal. Alles, was er zur Sprache bringt, spielt in einer entrückten Zeit, *in illo tempore*, als die Gestaltgrenzen zwischen Menschen, Tieren, Pflanzen, Steinen, Geistern und Göttern reversibel schienen, so daß jede Erscheinung das Inkognito einer anderen sein konnte. Ein altes Paar von Eheleuten wird in zwei Linden verwandelt, ein Jüngling in eine blasse Blume, ein Mädchen in eine Spinne, der Gott erscheint wahlweise als Stier und Schwan, aus Baumstämmen treten Frauen hervor. Auch was in Menschengestalt begegnet, wer weiß, ob es nicht die Götter selbst sind, die vorbeigehen, um die Sterblichen zu prüfen. Was heute Mensch ist, war gestern ein Elfenbeinblock, wie die Statue des zyprischen Bildkünstlers Pygmalion, der als frommer Verwandlungsgläubiger sein eigenes Schnitzwerk heiraten durfte:

> »Als er zurückkam, eilt er sogleich zu dem Bild seines Mädchens
> wirft sich aufs Lager und gibt ihr Küsse. Sie schien zu erwarmen.
> Wieder nähert den Mund er, betastet die Brust mit der Hand, da
> wird das Elfenbein weich, verliert seine Starrheit,
> gibt seinen Fingern nach und weicht, wie hymettisches Wachs im
> Strahl der Sonne erweicht, von den Fingern geknetet, zu vielen
> Formen sich fügt und, gerade genutzt, seinen Nutzen bekundet.
> Während der Liebende staunt, sich zweifelnd freut, sich zu täuschen
> fürchtet, prüft mit der Hand sein Verlangen wieder und wieder.
> Fleisch ist's und Bein! Es pochen vom Finger

betastet die Adern.
Worte aus voller Brust, mit denen Venus er
danke,
faßt der Paphier da. – Auf den Mund, der
endlich ihn nicht mehr
täuschte, preßt er den seinen. Die Jungfrau
fühlte die Küsse,
und sie errötete, sah, als empor zum Licht sie
die scheuen
Lichter erhob, zugleich mit dem Himmel
den liebenden Mann.«[1]

Im urplastischen Universum geschieht kein Übergang in eine andere Gattung nur in einer Richtung, auf den Hauptstraßen des Formwechsels herrscht Gegenverkehr, den Mineralien, die zu Menschen wurden, begegnen Menschen auf dem Weg zum Stein. Die berühmte Niobe, nachdem sie ihre vierzehn Kinder verloren hatte durch den Willen verärgerter Gottheiten, durchläuft den entgegengesetzten Weg.

»... und verlassen
bleibt sie zwischen den Toten, den Söhnen,
den Töchtern, dem Manne
und erstarrte im Schmerz, die Lüfte bewegen
kein Haar, die
Röte des Blutes weicht aus den Wangen. Im
traurigen Antlitz
stehn die Augen starr. Kein Leben bleibt in

1 Ovid, Metamorphosen, Liber X, V. 280-294

dem Bilde.
Auch im Innern die Zunge wird fest mit der
Höhlung des harten
Gaumens; die Adern sind auch nicht mehr
imstande zu schlagen.
Beugen kann sich der Nacken nicht mehr,
der Arm sich nicht rühren,
schreiten nicht mehr der Fuß. Die
Eingeweide ein Felsen,
und dennoch weint sie. Und von dem Wirbel
umfaßt eines mächtigen Windes, ward sie zur
Heimat entführt; dort niedergelassen auf
Berges
Gipfel, zerfließt sie, und heut noch entrieseln
dem Marmor die Tränen.«[2]

In der Verwandlungswelt bleiben Metalle nicht, was sie sind, aus dem Gold wird Silber, aus Silber das rötliche Erz, aus dem Erz das Eisen, und in diese Verwandlungsreihe ist die Serie der menschlichen Realitätsprinzipien in ihrem fortschreitenden Verfall eingebunden. Was wir Geschichte nennen, ist für den Dichter das Resultat dieser Anti-Alchemie, die uns hervorgebracht hat als Geschöpfe des gewalttriefenden, mißtrauenzeugenden Eisernen Zeitalters. In dem ist der Gastfreund vor dem Freunde nicht sicher, in den Familien herrschen Argwohn und Mord. Ovid weiß wohl, daß er mit seinen tausendunddrei Verwandlungsaffairen die Bänder gelockert hat, die

2 Ovid, Metamorphosen, Liber VI, V. 301-312

der Welt Form und Einheit geben, und daß die Fluktuation, die wir bewohnen, einen Fall von morphologischer Unregierbarkeit darstellt. Wer könnte diese Welt denn von einem Punkt aus kontrollieren, wenn überall noch wirklich der Formwandel in Gang wäre? Wer Herr sein, wenn alle Zustände vom Aufruhr der Gestalten destabilisierbar sind? Vielleicht um solchen Verdächtigungen zu begegnen, läßt der Dichter am Ende des *opus magnum* einen Philosophen auftreten, der seine Autorität in die Waagschale wirft, um die These zu halten, daß auch die Wandlungswelt ein Ordnungsganzes sei. Pythagoras erscheint im 15. Buch der *Metamorphosen* mit einem der erhabensten Lehrmonologe der Alten Welt.

»*Omnia mutantur, nihil interit …*

Alles wandelt sich, nichts vergeht. Es
schweift unser Geist, kommt
hierher von dort, von hier dorthin, und
dieser und jener
Glieder bemächtigt er sich, geht über aus
Tieren in Menschen-
leiber und wieder in Tiere, und niemals geht
er zugrunde.
Wie das schmiegsame Wachs sich formt zu
neuen Gebilden,
so nicht bleibt, wie es war, die gleiche Gestalt
nicht behält, und
doch dasselbe verbleibt, so lehre ich, ist

auch die Seele
immer dieselbe, doch wandert sie stets in
neue Gestalten. ...
Und, da auf hoher Flut es mich trägt, ich dem
Wind die vollen
Segel vertraut; es ist nichts in der ganzen
Welt, was Bestand hat.
Alles fließt, es bildet sich wechselnd jede
Erscheinung.
Selbst die Zeit, auch sie entgleitet in steter
Bewegung –
gleich wie der Fluß. Denn es kann der Fluß
nicht stehn, und nicht stehn die
flüchtige Stunde ...«[3]

Der zeitgenössische Leser der Verse kann sich davon überzeugen, wie weit das alteuropäische Raunen von Zeit und Sein zurückreicht – auch davon, wie entschieden der metaphysische Sinn schon auf seinem Projekt beharrt, die alles verändernde Zeit in letzter Instanz als Bringerin des Nicht-Anderen zu denken. Die Ovidsche Welt schwankt auf der Grenze zwischen zwei Arten von großer Einheit: der magischen Einheit in der Polymorphie und der metaphysischen Einheit der Substanz, doch beide Einheiten gehen auf eine tieferes Identitätsmotiv zurück – sie gründen im animistischen Kontinuumprinzip, in den Gesetzen der Sympathie und der Ähnlichkeit, in einem gegensatzlosen ersten Milieu der Allbesee-

3 Ovid, Metamorphosen, Liber XV, V. 165-181

lung. Weil in der animistischen Weltsphäre ein ozeanisches Kontinuum die Wesen durchgreift, nimmt es aufs Ganze gesehen doch nicht wunder, wenn dieses als es selbst verschwindet, um als jenes wiederzukehren. Der Gestaltwandel ist selber nur Wellenschlag in einem flüssig konzipierten Sein, in dem jede Gestalt widerruflich kommt und geht und in dem sich alle guten Geister weigern, bis zwei zu zählen, alles ist wahr, *secundum non datur*. Reste und Nachgeburten dieses Syndroms haben sich in vielfachen Kreuzungen und Aufblähungen bis in die Gegenwart erhalten, ein gut Teil des esoterischen Betriebs lebt davon, dieses älteste Regime der Einbildungskraft zu zitieren. Dessen Teilnehmer wünschen sich ein Universum zurück, in dem vorstellen und handeln noch ungeschieden wären, so daß alles, was in unserem Geist geschieht, nie ohne Folgen für den Bestand und Wandel der Dinge sein könnte. Logiker würden uns vielleicht erklären, dies charakterisiere eine Weltform, die aus der Kombination von logischer Einwertigkeit und semantischer Polyvalenz resultiert.

2

Mit dem Durchbruch des Denkhaushalts zu den höher rationalisierten antiken Weltbildern wurde die Rolle des Imaginären bei der Suche nach Wahrheit mit einem Mal in ein prekäres Licht getaucht. Nicht zufällig war es Plato, der in einem zwingenden Beweisgang aufzeigte, daß die Dichter grobschlächtige Lügen über die Götter verbreiten und folglich das gesamte Feld gültiger Aussagen über das, was oben und »im Grunde« wahr und wesentlich sei, neu bestellt werden müsse. Damit ist das Phantastische auf die üble Seite der Dichotomie von Wahrheit und Meinung geraten, und solange der binäre Fundamentalismus der alteuropäischen Denkverhältnisse in Kraft blieb – er ist unter dem Namen Philosophie besser bekannt –, war nicht abzusehen, wie je die Einbildungskraft als das Vermögen, sinnliche Trugbilder zu produzieren, wieder zu positiven Ehren hätte kommen sollen.

Nun erst greift die Revolution der Denkungsart durch die zweiwertige Logik allenthalben durch, sie scheidet Wahr und Falsch mit unerbittlicher Trennschärfe, nicht anders das Wesentliche und das Zufällige, das Geistige und das Sinnliche, das Eine und das Viele, das, was not tut, und das Allotria. Was Phantasie, Einbildungskraft und Denken in Verwandlungsbildern angeht, so setzt für diese Größen mit dem Beginn des Zeitalters der imperialen Metaphysiken und der Monotheismen eine lange Verpönungs- und Verdächtigungsgeschichte ein. Von ihr ist noch immer ein Großteil dessen geprägt, was wir bis in die Gegenwart über Träume, Ideen und Kunstwerke sagen. Im Reich des Wirklichen meint man noch heute oft genug, bestimmen zu können, wo der Firlefanz endet und die Sache selbst beginnt. Metaphysik und Wissenschaft setzen im alteuropäischen Raum gemeinsam als Durchführung eines Programms zweiwertiger Weltauslegung und Weltbeherrschung ein. Ihre Urdichotomie ist die Unterscheidung von beseelten Subjekten und nicht-beseelten Objekten – eine Differenz, die zur Geltung kommt mit der klaren Implikation, dem Seelischen einen unbedingten Vorrang zu sichern. Das versteht sich von selbst, wenn man einsieht, daß Subjekt im vollen Sinne nur der Gott sein kann, den *eo ipso* ein unermeßliches Gefälle von allem, was nur der Fall ist, trennt. Gott ist der metaphysische Titel für das Konzept Koinzidenz von höchster Beseeltheit und unbeschränkter Macht. Ohne große Mühe ist hierin die Anwendung des Kaiserprinzips auf das Sein im ganzen zu erkennen. Alle menschlichen Subjektivitäts- und Beseelungsverhältnisse verstehen sich aus der Analogie zu dem Hypersubjekt – man weiß über den Menschen nichts, wenn man nicht weiß, daß er in der Welt steht als Subjekt-

Vikar. Menschliche Subjektivität ist somit ihrem Wesen nach immer vasallisch, immer eingebunden in einen metaphysischen Instanzenzug, der von der höchsten Spitze über die Geisterwelt zu den menschlichen Dienstgraden absteigt – oder sie gerät rebellisch und hierarchiefeindlich und wird folgerichtig diabolisch und originell.

Unter diesem logischen Regime ist Originalität beim Menschen unbejahbar, weil sie nur als Raub an der Ursprünglichkeit Gottes gedacht werden kann. Wo alles aus dem Absoluten quillt, ist es sicherer, den Vorredner zu zitieren. Im metaphysischen Regime ist positive menschliche Selbsthaftigkeit nur als Seins-Beamtentum zu begreifen, und Beamte sind Wesen, die sich nichts einfallen lassen dürfen. Es ist ihres Amtes, zu denken, wie der Dienstherr denkt, und der wiederum hat durch die Offenbarung wie durch das philosophische Denken jeden Zweifel daran ausgelöscht, daß er nur als der Eine, der Höchste, als der Herr der Optima begriffen werden darf. Beamte eines so verstandenen Seins sind darauf verpflichtet, die bestehende Ordnung im Sinne des Optimismus auszulegen. Wo aber das Beste als das Mark des Wirklichen gilt, kann das Hinausdenken über das Wirkliche keine loyale Funktion sein – es ist, um es mit einem starken Wort zu sagen, Teufelswerk, mit einem kaum schwächeren: Versuchung.

So versteht sich leicht, wieso die anderthalb Jahrtausende, die auf die christliche Wende folgten, vor allem eine Zeit der Furcht vor Abweichung bleiben mußten. Der Tatbestand der Abweichungssünde ist immer schon erfüllt, sobald Menschen sich auf den Pfad der Eigeneinbildung begeben und damit Zweifel an der göttlichen Einrichtung des real existierenden Optimums manifestieren. Was also kann Phantasie in einem monotheistisch konzipierten Schöpfungsuniversum bedeuten? – Nur eine Beilage des Teufels zur Freitagsausgabe der Welt, ein Supplement, das durch sein ungehöriges Erscheinen die Suggestion verbreitet, dem Vollendeten könne etwas hinzugefügt werden – und Theologen wissen, der Teufel ist der Vater aller Zugaben. Wer gottwärts denkt, gerät *eo ipso* in eine Zone heiliger Austerität, zuletzt betritt er den bilderlosen Raum, wo das Höchste nur noch in unanschaulichen Meditationen anwest. Je höher der Rang der theologischen Rede, desto schärfer ihr Zug zur negativen Ikonologie – Entbilderung der obersten Schichten. Wer auf Bilderbuntheit setzt, gerät leicht in einen Sog, der vom Autor der Trugbilder ausgeht. Darum läßt sich ein Großteil der christianisierten Einbildungskraft aufs Konto der Versuchung setzen.

Alle Bilderkritik geht auf die christliche Sorge zurück, zwischen Offenbarung und Versuchung zu unterscheiden. Die Antonius-Legende ist das überragende Monument für die Geburt der christlichen Phantastik aus dem Geist der Heimsuchung. An diese Monstren-Ikonologie schließen spätere Schulen des Schreckens an, um nach langen Inkubationszeiten im Werk Dantes und in der Weltengerichts-Malerei der Renaissance und des Barock zu kulminieren. Doch weil es Versuchung nicht gäbe, wäre nicht auch die Möglichkeit von gültiger Offenbarung zugestanden, muß sich das christliche Phantasma auch ins Positive vorwagen. Hier mag es ins Gewicht fallen, daß die erste von den überlieferten Visionen des Abbas Antonios eine Zwillingsvision gewesen ist.

> »Als der Altvater Antonios einmal in verdrießlicher Stimmung und mit düsteren Gedanken in der Wüste saß, sprach er zu Gott: ›Herr, ich will gerettet werden, aber meine Gedanken lassen es nicht zu. Was soll ich in dieser meiner Bedrängnis tun? Wie kann ich das Heil erlangen?‹ Bald darauf erhob er sich, ging ins Freie und sah einen, der ihm glich. Er saß da und arbeitete, stand dann von der Arbeit auf und betete, setzte sich wieder und flocht an einem Seil, erhob sich dann abermals zum Beten; und siehe, es war ein Engel des Herrn, der gesandt war, Antonios Belehrung und Sicherheit zu geben. Und er hörte den Engel sprechen: ›Mach es so und du wirst das Heil erlangen.‹ «[4]

Hier beginnt die mächtigste Formel für die Ko-

4 Apophthegmata Patrum I, 1

operation des Inneren mit dem Äußeren, die wir später als benediktinisches Leitwort wiederfinden werden, ihren Siegeszug durch die Welt, in der Laufrichtung der Sonne und des Weltgeistes, von Osten nach Westen – *Ora et labora*, ein Satz, der zuletzt das Silicon Valley erreicht hat, wo es dann heißt: Laß dem Delirium freien Lauf und mache Geld. Auf diese Weise tritt neben den infernalischen versucherischen Schein eine positive Phantasmatik, das Bilderreich der Ankunft und der Verklärung. In seine Strömung fließen messianische Ikonen ein, Phantasmen von paradiesischer Integrität und Wiederherstellung aller Dinge. Wenn es den Anschein hat, als sei die Geschichte der Phantasie die immerwährende Entdeckung des Unbewußten, so hat das christliche Weltalter zu diesen Aufdeckungen eine reiche Höllenbevölkerung beigesteuert – aber zugleich eine komplexe Sicht in die Engelwelt als der Zone, wo die Seelen Seins-Verträge schließen mit mystischen Zwillingen und begleitenden Intelligenzen. Auch dieses phantasmatische Regime hat in der heutigen Welt ein spezifisches Nachleben gefunden, nicht nur weil die christlichen Kirchen aus Pietät die alten Bilder aufbewahren, sondern vor allem, weil noch immer der auf die Tage des Altvaters Antonios zurückgehende Verdacht in der Luft liegt, es gebe eine innere Verknüpfung zwischen mentaler Einstellung und Lebenserfolg, so daß der moderne Unternehmer nichts falsch macht, wenn er gelegentlich auf jenseitige Energiequellen für den diesseitigen Betrieb hofft.

3

Wir müssen hier der Versuchung widerstehen, einen Exkurs in die Welten des islamisierten Platonismus zu unternehmen und ein Referat über die mystische Imagologie der mittelalterlichen iranischen Theosophie einzuschieben – es mag genügen, auf den Sufi-Mystiker Sohrawardi den Getöteten, den Scheich al-Ishraq, hinzuweisen und auf seine Doktrin von der Ausströmung der sinnlichen Welt aus dem Herrn der Bilder, dem purpurroten Erzengel – seine großen Lehrgedichte sind durch Henry Corbin den westlichen Lesern zugänglich gemacht worden.[5] Wollte man die Visionskulturen des Islam, des Christentums und des Judentums zusammenfassen, so ergäbe sich die Aussicht auf eine Weltgeschichte der inneren Bildlichkeit, die unsere sogenannte Kunstgeschichte an Umfang und Subtilität aufwiegt.

Aber für unseren Gedankengang ist es nötig, sich von diesem Reich ungemalter Bilder im Visionswesen loszureißen, um an die Schwelle der Neuzeit zu gelangen – und mit ihr zu einer neuen Affirmation des Imaginären. Diese Epoche soll das Gravitationszentrum unserer Überlegungen bilden, weil in ihr, unserer These zufolge, ein neues Regime der welterzeugenden Einbildungskraft

5 Henry Corbin, L'Archange empourpré. Quinze traités et récits mystiques de Sohravardî, Paris 1976.

einsetzt, jenseits von allem, was Phantasie unter dem Zeichen von Verwandlung und Versuchung je zu sein vermocht hat. Nach der Transformationspoesie der Antike und der Poesie der Transzendenz im christlich-mittelalterlichen Raum beginnt durch die Kolumbusfahrt mitsamt ihrer weltgeschichtlichen Sprengwirkung eine Poesie des Transports und der Überfahrt. Man darf das ohne weiteres wörtlich nehmen, weil mit dem Anbruch der Neuzeit sich eine Liaison von Geographie und Einbildungskraft herausbildet, für die es kaum historische Modelle gibt. Mag auch das Schiff eine antike Metapher für die Seele und den Staat geliefert haben, so formieren sich doch erst in der Neuzeit Phantasie und Seefahrt zu systematischen Verbündeten. Die Welt wird durch die Schiffe, die Prototypen des Fernfahrzeugs, und die Metaphern, die semantischen Ferntransporter, neu erschlossen. Nun brechen die Sprachen der Europäer auf, wie von einem unwiderstehlichen Treibmittel gehoben, und verwandeln sich von einem Artikulationsmittel für metaphysische Spannungen zu einem Orientierungssystem für Fernsorgen in einer global geweiteten Immanenz. Aus dieser Funktion entsteht das neuzeitliche Phänomen der Weltsprache im nationalsprachlichen Gewand – Shakespeares Englisch ist ihr Paradigma. Ich zitiere aus dem berühmten Eingangsdreigespräch des *Merchant of Venice*, in dem die Kaufleute Antonio, Salerio und Solanio über die Gründe von Antonios Traurigkeit diskutieren. Die beiden Gesprächspartner des Kaufmanns von Venedig üben sich in einer Kunst, die man Kaufmannspsychologie oder Erste Psychoanalyse nennen könnte, denn sie versuchen sich einzufühlen in die Sorgen eines Mannes, der seine Güter auf Schiffen draußen hat: schwimmendes Kapital auf den Weltmeeren. Wen würde das nicht krank und traurig machen? So manifestiert sich in Solanios und Salerios Reden die welterschließende Energie der Fernsorge.

> SOLANIO: »Glaubt mir, mein Herr, hätt ich ein solches Unternehmen draußen, der bessere Teil meines Gemüts wäre bei meinen Hoffnungen außer Landes. Ich würde ständig Grashalme ausreißen, um zu erfahren, wie der Wind steht, in Karten nach Häfen, Molen, Reeden spähen, und jeder Gegenstand, der mich Unglück für meine Unternehmen fürchten lassen könnte, stimmte mich ohne Zweifel traurig ernst.«
>
> SALERIO: »Wie ich in meinen Suppenlöffel blase, bliese ich mir einen Schüttelfrost an, wenn ich dächte, welchen Schaden ein zu starker Wind auf See tun könnte. Ich sähe das sandgefüllte Stundenglas nicht rinnen, ohne an Untiefen und Sandbänke zu denken und meine reiche Andreas auf Sand aufgelaufen zu sehen, wie sie ihren hohen Mast tiefer als ihre Rippen neigt, um ihr Grab zu küssen. Sollte ich zur Kirche gehen und das heilige Bauwerk

> aus Stein sehen und nicht gleich an gefährliche Felsen denken, die, berührten sie nur meines zarten Schiffes Seite, all seine Gewürze auf die Strömung verstreuten, die brüllenden Wasser mit meinen Seidenstoffen bekleiden würden, und mit einem Wort, eben noch so viel wert und nun nicht mehr wert? Sollte ich den Gedanken hegen, an solches zu denken, und nicht zugleich den Gedanken hegen, daß so etwas, wenn geschehen, mich traurig ernst stimmen müßte? Also erzählt mir nichts, Antonio ist ernst gestimmt, weil er an seine Geschäfte denkt.«[6]

Man erkennt an dieser Szene, wie die Einbildungskraft modernen Boden betreten hat, sie betätigt sich nun als Spannkraft in einen erweiterten Sorgenweltraum, als mitfliegende Aufmerksamkeit über Schiffen und Waren auf hoher See. Die neuzeitliche Seele erfindet sich über dem Mittelmeer und auf dem Atlantik, dem eigentlichen Ausland des neu-europäischen Unternehmertums. Das Phantastische wird nun zur Poesie des ungewissen Profits und der vielversprechenden Ferne. Der Gewinn macht den Dichter. Jetzt stellt der erfolgreiche Poet den Inbegriff des Gewinners dar, den bemittelten Zauberer, der rascher als andere nach den Instrumenten greift, die imstande sind, aus weniger mehr zu machen; der erfolglose Dichter wird zum Urbild neuerer Ver-

6 William Shakespeare, The Merchant of Venice, 1. Akt, 1. Szene

lierer – er ist der Mann mit den falschen Mitteln, der Wettbewerber ohne Elan, der sich umständlich und mit blassen Bildern in die Pleite redet. Im übrigen bewahrt Antonio das Rätsel seiner Melancholie bis zuletzt: Der Kaufmann von Venedig ist zugleich ein Rechner und eine saturnische Natur, halb Buchhalter, halb Genie, die platten Freunde auf dem Rialto beißen sich mit ihren scheinbar plausiblen Erklärungen an seiner transzendenten Trauer die Zähne aus. Solanio bringt die Undurchdringlichkeit von Antonios Zustand auf den Begriff, indem er die Debatte schließt:

> »So laßt uns sagen, Ihr seid traurig, weil Ihr nicht fröhlich seid, und es wäre genauso einfach für Euch zu lachen und zu springen und zu sagen, daß Ihr lustig seid, weil Ihr nicht traurig seid. Beim zweiköpfigen Janus, seltsame Burschen hat die Natur geschaffen zu ihrer Zeit …«

Philosophen der Hegelschule würden dieses Argument für einen Fall von Wahrheit aus dem Begriff ansehen, was mich betrifft, so würde ich, wenn ich kommentieren sollte, erneut auf binären Fundamentalismus zu sprechen kommen und auf seine Überwindung im poetischen Humor, der mehr vollbringt als Hegels Synthesen.

Der neuzeitlichen Fernsorge schließt sich, man

möchte sagen unweigerlich, ein verändertes erotisches Regime an. Wenn früher die Damen gelernt hatten, die Männerwelt auf Ritter- und Retterbilder hin abzusuchen, so lernen sie jetzt, auf den *merchant-adventurer* hin zu träumen; ihre Suchbilder werden ozeanisiert, globalisiert, merkantilisiert, sie wollen nun Männer, die an der anderen Küste waren, am Ufer des letzten Risikos. Ich zitiere Othellos Bericht vor dem venezianischen Dogen mit seiner Rede zur Verteidigung gegen die Anklage, er habe Desdemona mit schwarzmagischen Künsten verführt. Man sollte vorausschicken, daß Othello kein Soldat im modernen Sinn ist, sondern ein Unternehmer, der neuzeitlichen Städten Sicherheit verkaufte – dem Berufsbild des Condottiere entsprechend. Aus Othellos Mund erhalten wir Aufklärung über die Modernisierung des Eros.

OTHELLO:

»Ihr Vater liebte mich, lud mich oft ein, fragte mich immer wieder nach meiner Lebensgeschichte von Jahr zu Jahr, die Schlachten, Belagerungen, Schicksalsschläge, die ich durchgemacht habe. Ich durcheilte sie, von meinen knabenhaften Tagen an, bis zu dem bestimmten Augenblick, von dem an er mich zu erzählen bat. Wobei ich von höchst unheilvollen Begebenheiten sprach, von bewegenden Ereignissen auf See und zu Lande, von Entkommen um Haaresbreite bei drohendem tödlichem Durchbruch, von Gefangennahme durch den unverschämten Feind, und dem Verkauf in die Sklaverei und meiner Auslösung daraus und insgesamt von der Geschichte meiner Reise (*and with it all my travel's history*), wobei es meine Aufgabe war, von gewaltigen Höhlen und einsamen Wüsten, rauhen Steinbrüchen, Felsen und Bergen zu sprechen, deren Gipfel den Himmel berühren; so war der Hergang (*such was the process*). Und von den Kannibalen, die einander essen, den Anthropophagen, und Menschen, deren Köpfe unterhalb ihrer Schultern wachsen. Dieses zu hören wollte Desdemona ernsthaft geruhen. Aber noch zog die Hausarbeit sie damals fort, und immer wenn sie sie mit Eile erledigen konnte, kam sie wieder und verschlang mit einem gierigen Ohr meine Erzählung; woraufhin ich, als ich es bemerkte, einmal eine geeignete Stunde ergriff und gute Mittel fand, um ihr eine Bitte aus ernstem Herzen zu entlocken, daß ich meine ganze Pilgerfahrt darlegen sollte, von der sie stückweise etwas gehört hatte, aber nicht durchgehend. Ich stimmte zu und raubte ihr oft ihre Tränen, wenn ich von irgendeinem elenden Schlag sprach, den meine Jugend erlitt. Als meine Geschichte beendet war, gab sie mir für meine Leiden eine Welt von Seufzern (*my story being done, She gave me for my pains a world of sighs*), sie schwor, es sei wahrhaftig seltsam, es sei durchaus seltsam, es sei mitleiderregend, es sei wunderbar mitleiderregend, sie wünschte, sie hätte es nicht gehört, doch wünschte sie, der Himmel hätte sie zu einem solchen Mann gemacht. Sie dankte mir und trug mir auf, wenn ich einen Freund hätte, der sie liebte, so sollte ich ihn nur lehren, wie meine Geschichte zu erzählen sei, und das würde sie gewinnen. Auf diesen Wink hin sprach ich. Sie liebte mich um der Gefahren willen, die ich bestanden hatte, und ich liebte sie, weil sie davon gerührt war. Das allein ist die Hexerei, die ich benutzte. Hier kommt die Dame, laßt es sie bezeugen.«

DOGE:

»Ich glaube, diese Geschichte würde auch meine Tochter gewinnen …«

Man erkennt ohne Mühe, wie hier Bewegung durch die Welt der Männlichkeit geht, tatsächlich ist der neuzeitliche Mann der bewegte Mann, er ist ein Werkstück, an dem Land und Meer gearbeitet haben, um ihm Wert hinzuzufügen, Wert, der auf den neuen erotischen Märkten sich in Liebenswürdigkeit umrechnet. Der Unternehmer-Soldat ist eine Ware, deren Wert zunimmt, wenn sie gebraucht ist – was sonst nur für Antiquitäten galt. Aber der othellische Mehrwert hat nichts mit Patina zu tun, er ist eine subjektive Form von Kapital – dieser Mann war bei den Menschenfressern in der Karibik, er hat die Brustköpfler gesehen, von denen die europäischen Amerikaphantasten schwärmten, er besitzt das, was man heute einen Erfahrungsvorsprung nennen würde, und dieser ist es, der ihm Desdemonas Begehren sichert. Es sind Othellos Erfahrungen mit dem Ferne-Index, die ihn zu einem Objekt der modernen Begierde machen; nur sie sind imstande, die Traum-Batterien der Neuzeit-Töchter anzusprechen, dann schauen sie die lockigen Lieblinge der eigenen Nation – *the curled darlings of our nation* – nicht mehr mit echtem Interesse an. Der kürzeste Weg in das Bett einer Venezianerin führt offenkundig über die Neue Welt. Wer Liebe sucht, muß zusehen, wie er sich darstellt als der Mann mit dem aktuellen karibischen Faktor.

Noch ist nicht gesagt, was es mit dem Objekt der neuzeitlichen Begierde auf sich hat. Sicher scheint nur, wenn wir die Texte extrapolieren, daß zu der christlichen Wunschdynamik in der Vertikalen jetzt eine Horizontalkraft hinzugekommen ist – die kann das Höchste in der fernen Fläche suchen. Man versteht dies besser, sobald wir uns die Mühe machen, die amerikanische Küste von Neufundland bis Florida in die europäischen Wunschgeographien einzuzeichnen. Nur wenige Historiker wissen noch, daß die Entdeckung der beiden Amerika, oder der drei Amerika, wie es anfangs schien, vor allem eine theologische Sensation war. Dort lag tatsächlich vor den Augen müder Christen eine Neue Welt, eine Reserveschöpfung, gleichsam ein Ersatzparadies, das

Gott in seiner Weisheit bisher verborgen gehalten hatte und das jetzt für die Entdeckung freizugeben ihm gefiel. Seither sind alle zeitgemäßen Europäer in einer Art Auswanderung dorthin begriffen, wir leben immerzu zwischen Alter und Neuer Welt, und auch wer nicht das Auswanderungsschiff besteigt, nimmt Anteil an einer permanenten Emigration auf der Stelle – wir nennen sie den Fortschritt, er ist die Auswanderung in die bessere Zeit. Die ganze Neuzeit ist tiefenkinetisch nur dies: Bewegung im Indiensog und im Amerikasog, ein ungeheures Hinüber in etwas, was nun keine himmlische Transzendenz mehr darstellt, sondern eine transatlantische. Modern sein heißt: sich an Auswanderungen beteiligen; neuzeitliche Europäer sind Menschen, deren Wunschhaushalt umgewälzt wurde durch das indo-amerikanische Verlangen und seine örtlichen Vorwände. Umgekehrt gründen alle Konservatismen in dem Versuch, dem Sog vom Atlantik her ein alteuropäisches Begehren entgegenzusetzen – ob es die reformierten Kirchtürme sind im alten Land oder der gegenreformatorische Romanismus mitsamt seinen Stukkaturen und barocken Plädoyers fürs Bleiben: Alles, was alteuropäisch voramerikanisch fühlt, ruft den aufgebrochenen Wünschen zu: Hiergeblieben! Die neunationalistischen Regionalimperialismen im Europa der letzten Jahrhunderte sollten das transatlantische Ausschweifen hemmen. Es war ihre Mission, die tele-erotischen Energien der

Europäer an die heimischen Territorien zu binden – auch hier sind Klassiker! Und doch, nach zweihundert Jahren blutiger Experimente mit der antiatlantischen Wut in kontinentalen Vaterländern wissen wir, wie sehr der Widerstand gegen den Sog der anderen Küste für uns von Unheil war.

Es ist von neuem Shakespeare, bei dem wir die entscheidende Formel für den Umbruch in der neueuropäischen Wunschökonomie finden. Sein letztes Stück, *Der Sturm,* muß, um den geopolitischen Schein zu wahren, auf einer Insel in mittelmeerischen Gewässern spielen, sonst könnte Prospero, der vertriebene Magier-Herzog von Mailand, nicht seinen verräterischen Bruder auf dessen Rückfahrt von einer Hochzeitsfeier in Nordafrika in einen Sturm, in seinen Kunst-Sturm, geraten lassen. Ihrem wirklichen Horizont nach ereignet sich Shakespeares Bühnenstunde der Wahrheit schon im atlantischen Raum, sie setzt bereits den Aufbruch der Europäer zu transatlantischen Träumen von Macht und reichem Leben voraus, Prosperos Herrschaft über die Inselgeister impliziert die Landnahme der Spanier und Briten in der Neuen Welt, der geknechtete Inselsohn Caliban ist niemand anders als der ewige Eingeborene, der Sklave, dessen Name Kannibale und Karibikmann bedeutet. Ähnliches gilt für den Luftgeist Ariel, der die Aufträge seines Herrn in klassischer Windes-Eile ausführt, ein lebendes Telefax, ein Fernfaktotum, das an der Realzeitgrenze operiert, Wunsch und Erfüllung einander bis zur Ununterschiedenheit nähernd. Diesem Ariel hat Shakespeare die Formel für alles das in den Mund gelegt, was das europäische Verlangen nach der anderen Küste nur wollen kann, den Namen des absoluten Objekts, das unseren Fernwünschen Inhalt und Richtung gibt. Als Prospero den Luftgeist fragt, wo sich jetzt das in dem Scheinsturm zum Schein gesunkene Schiff befinde, antwortet ihm Ariel: es liege unversehrt an eben der Stelle der Insel, von der aus Ariel einst ausgeflogen sei, um dem Meister eine begehrte Substanz zu besorgen: Tau von den sturmumtosten Bermudas, den Prospero für gewisse Manipulationen angefordert hatte. Dort also liegt das Schiff …

> *… where once*
> *Thou call'st me up at midnight to fetch dew*
> *From the still-vex'd Bermoothes …*[7]

> »Sicher im Hafen liegt das Schiff des Königs: in dem verborgenen Winkel, wohin du mich einmal um Mitternacht zitiert hast, dir von den ewig sturmbedrängten Bermudas Tau zu holen …«

Wer weiß, was man mit Tau von den Bermudas anstellt? Wer kennt Rezepte und Prozesse für

7 William Shakespeare, The Tempest, I, 3, V. 228-229

diese seltenste der Flüssigkeiten? Sicher scheint nur, der überlegene Meister Prospero, das italienisch-britische Gegenstück zum deutschen Doktor Faustus, hat Gründe, die entlegene Substanz für sich zu verwenden. In transatlantischen Breiten sinkt sie vom Nachthimmel auf Blüten und Gräser, mit besonderer Sorgfalt muß sie gesammelt werden. Ihr Wert übersteigt den von Schiffen und Waren, sie ist subtiler als Gold, beweglicher als Kapital. Doch wozu überhaupt Tau? Warum zaubern mit einer Substanz, die aus der nächtlichen Höhe absteigt? Und wenn sie schon von oben kommen muß, um zu wirken, warum nicht Tau von Bethlehem, Tau von Rom? Was unterscheidet den Tau von den Bermudas von Tau aus Oxford? Worin besteht seine Attraktion?
Ich denke, es ist die transatlantische Chance, die mit dem Bermuda-Tau in europäische Hände gelangt, Hände, die jetzt auf neue Weise nach Macht- und Verklärungsmitteln greifen – es ist kein Zufall, daß dieser Stoff aus der Erdregion stammen muß, die damals schon bei Seeleuten als die gefährlichste des neu umsegelten Globus galt. Bermuda-Tau steht hier für die fünfte Essenz, er inkarniert die Einheit von Risiko und Verklärung, er bildet ein mystisches Subjekt-Objekt, mächtiger als Kapital und Rente, ein transatlantischer Gralstropfen, Schöpfungswasser aus der Reservewelt. Nach ihm verlangen heißt den alteuropäischen Albtraum von Menschenelend und armem Leben abstreifen und Kurs nehmen auf

Inseln des Gelingens. Wir wissen durch die Utopien, warum die Insel die Kritik des Festlands ist. Wer Inseln sucht, wird mehr von einer erhöhten Lebensahnung angezogen als vom Profitstreben getrieben, und eben in diesem Vorrang der Attraktion verbirgt sich das Tau-Geheimnis der neuen Europäer, der Trick aller Tricks, die Kunst, im Wunsch schon im Zielraum der Erfüllung zu sein. Die Magier wissen es: Immer ist Sog dem Trieb überlegen, und wer könnte ein Unternehmer in der Neuzeit sein, der dies nicht auch auf seine Weise wüßte? Unter dem Ruf vom anderen Ufer, von den Küsten der Verklärung, heben die Europäer ihre schuld- und notbetäubten Köpfe und lauschen auf eine andere Musik, die Geisterchöre der Insel, von denen Caliban, der wilde Lehrling des Fortschritts, sagt:

> »... Die Insel ist voll von Geräuschen, Klängen und süßen Melodien, die das Ohr erfreuen und nicht verletzen. Manchmal summen mir tausend schwirre Instrumente um die Ohren. Und manchmal, wenn ich gerade nach langem Schlafe aufgewacht war, wiegen Stimmen mich erneut in Schlaf; und dann, im Traum, scheinen sich Wolken aufzutun und mir Schätze zu zeigen, im Begriffe, auf mich herabzuregnen, so daß ich beim Erwachen weinte und wieder träumen wollte.«

4

Doch sosehr die Neuzeit das Verlangen nach anderen Küsten nährt – zahllose Inseln bleiben unerreicht, die meisten Wünsche verfliegen sich bei der Überquerung des atlantischen Grabens, schlechte Erfahrungen retten sich besiegt nach Hause und lästern die Hoffnungen auf andere Ufer. Was entdeckst du dort drüben außer einer Entmutigung, die du auch vor aller Abreise hättest erfahren können? So zieht die Poesie der Aufbrüche zugleich ein Bewußtsein von gescheiterten Wünschen heran. Die neuzeitlichen Realismen privilegieren die Skepsis am Tag nach der Landung, sie starren in die Dämmerung über einem kahlen Strand, der die weite Reise nicht rechtfertigt. Unbarmherzig schauen die neuen Erzähler den vergeblichen Evasionen ihrer Helden und Heldinnen zu, sie arbeiten ihre Immanenz im alten Schlimmen aus; zuletzt muß eine stundenlange Kutschenfahrt mit zugezogenen Vorhängen die Utopie ersetzen. Wo die Künstler so die Phantasie gegenüber den Tatsachen ins Unrecht setzen, verbünden sie sich einerseits mit dem sozialen Fortschritt und dem Prinzip Arbeit, das alles besser machen soll, oder aber sie ergeben sich selbst der Resignation, in welche sie ihre Figuren versunken sehen. Die Desillusionskunst spricht dem Phantasma die Kraft ab, das Transportmittel zu sein, das aus der ersten Enge führt. Eine frühe und arge Probe des Vermögens, dem Verlangen nach Neuzeit und anderen Anfängen abzuschwören, gibt Georg Büchner in der Erzählung der Großmutter aus dem *Woyzeck*:

> »Kommt ihr kleinen Krabben! – Es war einmal ein arm Kind und hat kein Vater und keine Mutter, war alles tot und war niemand mehr auf der Welt. Alles tot, und es ist hingegangen und hat gesucht Tag und Nacht. Und weil auf der Erd niemand mehr war, wollt's in den Himmel gehen, und der Mond guckt es so freundlich an; und wie es endlich zum Mond kam, war's ein Stück faul Holz. Und da ist es zur Sonn gangen, und wie es zur Sonn kam, war's ein verwelkt Sonneblum. Und wie es zu den Sternen kam, waren's kleine goldne Mücken, die waren angesteckt, wie der Neuntöter sie auf die Schlehen steckt. Und wie's wieder auf die Erde wollt, war die Erde ein umgestürzter Hafen. Und es war ganz allein, und da hat sich's hingesetzt, und da sitzt es noch und ist ganz allein.«[8]

Entgeisterte Märchen kündigen ein Zeitalter an, in dem ein Großteil der Phantasiebegabten sein Talent dazu verwendet, die Halbwelten der Müdigkeit zu erkunden. Sie halten an der Empfin-

8 Georg Büchner, Woyzeck, 23. Szene, Marie mit Mädchen vor der Haustür

dung fest, daß Geburt sich nicht lohnt und Zur-Welt-Kommen nur eine Art ist, zu nichts zu kommen. Sie explorieren die in sich zurückgefallene Subjektivität, die weder mit dem Außen eine Verwandtschaft schließen kann noch an sich selbst eine Stütze findet. Die Welt ist reduziert auf einen kurzen Lichtblitz zwischen Ankunft und Verschwinden: »Sie gebären rittlings über dem Grabe, der Tag erglänzt einen Augenblick und dann von neuem die Nacht.«[9] Die Poetik der Ausleerung experimentiert über der Frage, mit wie wenig Welt die Menschen auszukommen vermögen. Der Unterschied zwischen einem Sarg und einem Zimmer, einer Wüste und einer Welt wird nie mehr deutlich. Ich zitiere eine Szene aus Becketts *Endspiel*:

»HAMM:
... Ich fühle mich etwas erschöpft. *Pause*. Die fortgesetzte schöpferische Bemühung. *Pause*. Wenn ich mich bis ans Meer schleppen könnte! Ich würde mir ein Kopfkissen aus Sand machen, und die Flut würde kommen.

CLOV:
Es gibt keine Flut mehr.
Pause. ...

HAMM:
... Hast du jemals einen glücklichen Moment gehabt?

9 Samuel Beckett, Warten auf Godot, in: S. B., Werke I, Dramatische Werke, Frankfurt a.M. 1995, S. 94

CLOV:
Nicht, daß ich wüßte.
HAMM:
Fahre mich unters Fenster ... Ich will das Licht auf meinem Gesicht spüren ...
... Schon da? *Pause. Er wirft den Kopf in den Nacken. Pause.* Ist es Tag?
CLOV:
Es ist nicht Nacht.
HAMM: *wütend*:
Ich frage dich, ob es Tag ist?
CLOV:
Ja. *Pause.* ...
...
HAMM:
Das nenne ich Licht! *Pause.* Man möchte meinen, ein Sonnenstrahl. *Pause.* Nein?
CLOV:
Nein.
HAMM:
Ist das, was ich auf meinem Gesicht spüre, kein Sonnenstrahl?
CLOV:
Nein.
Pause.
HAMM:
Bin ich sehr weiß?
Pause.
Heftig: Ich frage dich, ob ich sehr weiß bin!
CLOV:
Nicht mehr als gewöhnlich.

Pause.

HAMM:

Öffne das Fenster.

CLOV: Wozu?

HAMM:

Ich will das Meer hören.

CLOV:

Du würdest es nicht hören.

HAMM:

Selbst nicht, wenn du das Fenster öffnest?

CLOV:

Nein.

HAMM:

Es lohnt sich also nicht, es zu öffnen?

CLOV:

Nein.

HAMM: *heftig*:

Also öffne es.

Clov steigt auf die Leiter und öffnet das Fenster. Pause.

Hast du es geöffnet?

CLOV:

Ja.

Pause.

HAMM:

Du schwörst mir, daß du es geöffnet hast?

CLOV:

Ja.

Pause.

HAMM:

So, so ... *Pause.* Es muß sehr ruhig sein. *Pause.*

Heftig: Ich frage dich, ob es sehr ruhig ist!
CLOV:
Ja.
HAMM:
Es gibt eben keine Seefahrer mehr ...«[10]

10 Samuel Beckett, Endspiel, in: S. B., Werke I, Dramatische Werke, Frankfurt a.M. 1995, S. 138-140

5

Meine Damen und Herren, es bleiben uns einige Andeutungen über den Ausklang der transatlantischen Phantasmatik hinzuzufügen und über die zeitgenössischen Manifestationen eines Phantasie-Regimes, das auf die europäische Expansionsepoche folgt. Es versteht sich von selbst, daß uns solche Fragen noch zu nahe gehen, um sie mit passendem historischen Abstand zu traktieren, aber einige Hinweise auf evidente Wandlungen im phantasmatischen Feld scheinen doch schon möglich. Zunächst ist nicht zu leugnen, daß wir, wenn wir von Phantasie und Tagtraum reden, so gut wie immer die Sprache der ausklingenden Neuzeit weitersprechen. Die Jahrhunderte, die hinter uns liegen, waren das Goldene Zeitalter einer expansiven Einbildungskraft; es schmerzt zu denken, daß sie vorüber sind, sie waren erfüllt von der Poesie der Hinfahrt.

Das abgelaufene Halbjahrtausend, wir begreifen es nur zögernd, war bestimmt vom Vorrang der Hinfahrt vor dem Rest der Bewegungen – es war das Weltalter der Auswanderungen und Übergriffe; die europäische Einbildungskraft erschuf die Welt als einen Lieferanten-Gürtel um das arbeitende, aufbrechende Kap der Mitte. Im Blick auf diese Horizonte, die, wie es schien, wenig zu fordern, aber alles zu geben hatten, haben wir ein

Wunschverhalten eingeübt, das von sich und der dienenden Umwelt immer mehr zu verlangen gewohnt ist. In jedem Europäer sitzt noch immer ein Goldsucher, von Kolumbus war zu lernen, wie man ein Indien sucht und ein Amerika findet. Fast alle Europäer spielen Lotto nach dem einen oder anderen System, sie füllen Wettscheine aus, als wären es Seekarten, sie umrunden die Welt in der Lostrommel und im Kanzlergefolge, sie träumen die Goldideen der Seefahrer weiter, immer nur vorläufig lassen sie sich ein auf eine Balance zwischen Arbeit und Alchemie.

Doch wehen über dem endgültig umrundeten Globus heute andere Winde, die Passate zum transatlantischen Glück haben gedreht, es hat zuweilen den Anschein, als hätte sich der Raum geschlossen, zu routiniert fliegen wir heute von Küste zu Küste, um noch glauben zu können, daß das ganz Andere drüben liege. Dies rührt an den geopolitischen Grund für alle Wahrnehmungen, die sich in aktuelle Klagen über ein angebliches Utopiensterben übersetzen. Doch nur abgeschlagene Geister können so sprechen; solange es den Weltmarkt gibt und die Glücksspiele, wie könnte da von einem Ende des Verlangens nach Neuzeit die Rede sein? Was sich tatsächlich von Grund auf verändert hat, sind die Abmessungen des phantasmatischen Raums, in dem die Künste und die Wünsche sich bewegen. Nach der doppelten Zusammenfassung der Erde – zuerst in den Globen, die zwischen 1500 und 1950 auf den Herrenschreibtischen standen, sodann in den Satellitenbildern, die uns seit wenigen Jahrzehnten mitteilen, wie wir uns von außen ansehen –, nach einer dichten Einkreisung dieser Art ist außer Zweifel, daß auch die Ausgriffe des Verlangens sich in veränderten Dimensionen einrichten müssen. Die nachneuzeitliche Phantasie agiert in einem Koordinatensystem, dessen Achsen orbital, synchronizistisch und kombinatorisch verfaßt sind. Die Poesie des Transports und des Begehrens muß in einer von Abständen gespannten Welt naturgemäß verfallen, wenn die Ziele allzu erreichbar geworden sind; allein Rentner und Pauschalreisende tummeln sich noch auf verspäteten und trägen Traumschiffen. Zu nahe ist das andere Ufer gerückt, was einmal fern war, zeigt sich jetzt mühelos auf Monitoren, die eine neue Poesie der Komplexität zur Darstellung bringen. In der umrundeten, erfaßten, aufbereiteten Welt bleibt nur der Streit der Phantasiepartikel um Anteile am monitorialen Raum. Ich zitiere einen Passus aus dem Anfang von James Joyce's *Finnegans Wake*, in Stündels Nachdichtung:

> »BaugerMeister Finnegan, von der Schlotternden Hand, Freimanns Maurer, lebte in der breitesten nur vor-ställbaren Straße in seinem Räuchlichtschön weitweg von Bordschafften, bevor Josuanische Richter uns Nummern gegeben hatten oder Helveticus übellieferte das Deuteronomium (einmal hat

er jöstern sterniglich seinen Kopp in das TonnenMättchen gestaeckt, um die Zugcunft seines Geschicksells zu sähen, doch hier stank es abermalz schwifftlich durch, und zwar durch die Gerafft von Mostea, der wahrhoffte Wasserer war verdünfftet und die ganze Guinesses hatte dort ihren Exodus, und das sollte dich mit der Nase darauf stoßen, was für ein pentatäuflischer Cairl der war!) und während schröcklich verreckter Jahrve häufte der Mann Hottes, Cements und Ebäudes in Soifers Dorf Gehbeute an den Ufern des Luffes von Soangso. Er addelte lütte phiffich Annie, eckelte sich vor der kleinen Krähatour. Mittirm Haarsen und Honden nimm sie in deinen Partieren auf. Allwährend Babbelbuhlos, Mitra auf dem Kopf, mit der guttelichen Kelle im Griff und elfenbeinöllichtem Overalls, die er habittuell vortgesehen hatte, wie Harun Cinderlich Eggebärt würde er durch Multibließzieren der Höhe und Hölle calligulieren, bis er beim Niedlicht des Lockcœurs erbleckte, wo ein Künnich gebohren war, damit sich sein Rundkopf Turm von anderen Tagen in wunderbarrer Heußlichkeit aufrächtens erhob (gutseidunk!), ein Wollwerk von einem WolkenKrotzer von höchst auchenvoller Hart umbeschritten, ererigiert vom Nächsten zum Nichts und zellepepriert die Himmels und alles, Hierarschiteletoptickes, mit einem brändigen Busch darauf seinen Babbeltopp und mit Lauhrenz oh'Tuleer raufklittern und der wammelige Rummler depperten nach unten.«

Es gibt Anglisten, die nicht müde werden zu behaupten, das Werk von Joyce stelle ein unüberwindliches Übersetzungsproblem dar. Schon diese kurze Stelle dürfte gezeigt haben, daß das Gegenteil der Fall ist. Zudem erweist sich, daß Übersetzen keine zuständige Kategorie für den poetischen Prozeß im Zeitalter der Erdverdichtung mehr darstellt – denn es gehörte wesentlich zum Regime des Transports, während hier sofort begreiflich wird, daß es nicht mehr darum geht, irgend etwas von hier dorthin zu bringen. Die Joycesche Buchseite ist bereits ein Monitor-Feld: auf diesem gibt es nur noch Layoutprobleme und keine Übersetzungsfragen mehr. Wo Weltgeräumigkeit nicht länger durch einen Vektor des Verlangens ausgespannt und von Transportern durchflogen wird, wie es in unserer Neuzeitkunst die Regel war, sondern wo alle Weltpartikel bereitstehen, um auf definierten Erscheinungsfeldern schnell zusammengeführt zu werden, dort löst eine Poesie der zusammentragenden Kombination die Poesie des weitgreifenden Transports ab. Die Joycesche Seite ist hierin die perfekte Antizipation des Bildschirms – sie besitzt bereits die Raumform der monitorialen Fläche ebenso wie die des musealen Kubus.

Wer unbefangen eintritt in solche Dimensionen,

dem prägt sich die Differenz zum klassischen Transportraum unmittelbar ein: das ist keine Poesie der Hinfahrt mehr, sondern die Poesie des überfüllten Arsenals. Reichtum taucht hier in einer anderen Phase auf, nicht als Hoffnung vor dem Erwerb, sondern als Ballast und Spielmasse nach der Akkumulation. Kunst wird haufenförmig, wie Wolken und Müll. Wer traditionell empfindet, könnte die Versuchung verspüren, dem Dichter die Hand auf die Schulter zu legen und zu sagen, es sei ja gut. Man würde dabei unterschätzen, worauf sich James Joyce eingelassen hatte. Ihm war es um die Apokalypse der Überfüllung zu tun. Er übte die Auflösung der klassischen Welt in der Kompression, die aus der Synchronisierung und Vergegenwärtigung erfolgt, er vollzog den Untergang des Wirklichen durchs Kalauer-Chaos. Die Jüngeren würden von einer Giga-Blödelei reden, und sie hätten recht, wenn sie nur auch verstünden, daß diese Übung eine Passion war: als Märtyrer seiner eigenen Witze unterzieht sich der Dichter einer finalen Lachkur. Während Heidegger noch sagt, das Kunstwerk stellt eine Welt auf, mündet die Welt nach *Finnegans Wake* in die umfassende Verwitzung. In der begrenzten Fläche des monitorial-musealen Raumes kämpfen die Partikel um das Recht auf Sichtbarkeit, und sie erreichen solche nur um den Preis der Raumteilung, der Überverdichtung. Darin manifestiert sich das Gesetz eines Verlangens, das nachmodern ist in dem Maß, wie es hinausgelangt ist über die Wunder der Verwechslung von Indien und Amerika. Sein heißt nicht mehr selber hinfahren, Sein heißt herauskommen und sich sehen lassen. Das aktuelle Realitätsprinzip ist der Kampf um Anteile an Sichtbarkeit unter Bedingungen monitorialer Flächenökonomie. Also: Monitorfläche ist knapp, Aufmerksamkeit ist knapp, Kaufkraft ist knapp, wovon es in verzweifelten Ausmaßen zuviel gibt, sind Zeichen, Waren und Individuen, die ins Fenster wollen. Aus diesen Rahmengrößen ergeben sich die aktuellen Verfahren: Strategien des Aufblitzens: den ganzen Monitor für den Skandal; Strategien der Verdichtung: Formelkunst; Strategien der Kombination: die Erzeugung von Merkbarkeit durch Aufmischung mit Bizarreffekten. So entwickelt sich die postmoderne Mestizen-Welt, in der nicht länger Neues gesucht, sondern Bekanntes rekombiniert wird. Die Bastardisierung von Mensch, Maschine und Zeichen ist im Gang. Das neue Raumgesetz erzwingt eine Poetik der Mischung. Was aber bei Joyce noch eine Avantgarde-Qual und ein genieästhetisch aufgetriebener Hyperspaß war, ist längst in flacheren Profilen Weltsprache geworden. Der Mestize lebt nicht mehr in den Kolonien, sondern erscheint als Moderator auf dem Bildschirm, um als gemischter Mischer seiner Mission zu gehorchen.

In seiner Zeit trug Joyce noch den Nimbus des göttlichen Artisten, der die Hyperweltsprache destilliert, aber wir sehen heute besser, daß das latente Muster seiner Kunstrolle nicht mehr das des Magier-Sängers war, auch nicht das des Unternehmer-Alchemisten, der die Neuzeit prägte. Das Paradigma des Künstlers in der Medien- und Mischungszeit ist der Koch in der hohen Küche, seine Idee von Kreation ist im kombinatorischen Werkmuster verankert, für ihn ist die Welt der Inbegriff von Menümöglichkeiten, und wenn er ein Großer ist wie Joyce, kann er Chefkoch werden im Kalauer Hof. Solchen Artisten ist das Dritte Jahrtausend versprochen, von ihnen und ihresgleichen erwarten wir das längste Menü. Es gehört zu ihrem Ruf, daß bei ihnen vor allem die verkehren, die auch sonst die guten Karten haben.